Otto Paul

Vergleichende Untersuchungen über das Endosperm

Otto Paul

Vergleichende Untersuchungen über das Endosperm

ISBN/EAN: 9783743661875

Hergestellt in Europa, USA, Kanada, Australien, Japan

Cover: Foto ©ninafisch / pixelio.de

Weitere Bücher finden Sie auf **www.hansebooks.com**

Vergleichende Untersuchungen

über

das Endosperm.

Inaugural-Dissertation

zur

Erlangung der Philosophischen Doctorwürde

an der

Georgia Augusta zu Göttingen

von

Otto Paul
aus Fallingbostel.

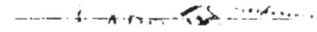

Göttingen.
Druck der Univ.-Buchdruckerei von E. A. Huth.

1882.

Vorliegende Arbeit, welche ich einer hohen philosophischen Facultät als Inaugural-Dissertation vorzulegen die Ehre habe, wurde auf Veranlassung des Herrn Professor Reinke unternommen und im pflanzenphysiologischen Institut der Universität Göttingen ausgeführt. Es gereicht mir zur grossen Freude, an dieser Stelle meinem hochverehrten Lehrer, Herrn Professor Reinke, für die freundliche Unterstützung, welche mir derselbe bei meinen botanischen Studien überhaupt, insbesondere aber bei Anfertigung dieser Arbeit hat zu Theil werden lassen, meinen herzlichsten Dank auszusprechen.

Einleitung.

In den Handbüchern der systematischen Botanik ist häufig zur Characterisirung der Pflanzenfamilien die Beschaffenheit des Endosperms mit herangezogen. Um nun kurz die wesentlichsten Eigenschaften des Endosperms bei jeder Familie anführen zu können, ohne dass man genöthigt ist dieselben jedesmal aufzuzählen, hat man nach den Abweichungen, welche in der Beschaffenheit des Endospermes sich geltend machen, mehrere Arten von Endospermen unterschieden. Es sind dies folgende: Das Endospermum corneum, E. cartilagineum, E. farinosum oder amylaccum und E. oleosum. Daneben kommen in den systematischen Handbüchern noch eine Reihe von Unter- und Zwischenformen vor, wie E. subfarinosum oder E. farinosum-cartilagineum. Le Maoût und Decaisne, welche statt der lateinischen die analogen französischen Bezeichnungen für die Endospermenarten gebrauchen, geben folgende Definition derselben [1]): „L'albumen est dit farineux (a. farinaceum), lorsque ses cellules sont remplies de fécule, charnu (a. carnosum), lorsque son parenchyme, sans être farineux, est épais et mou; mucilagineux (a. mucilaginosum) quand il est succulent et presque liquide; alors il est rapidement absorbé et il peut disparaître presque entièrement; oléagineux (a. oleaginosum) quand son parenchyme contient une huile fixe, corné (a. corneum), quand son parenchyme

---

[1]) Le Maoût et Decaisne: „Traité général de Botanique p. 88.

s'épaissit et acquiert une grande dureté, éburné (a. eburneum), quand il offre la consistence et le poli de l'ivoire. Ausser diesen Endospermarten kommt in den Handbüchern der systematischen Botanik — auch bei Le Maoût und Decaisne im Traité général de Botanique — noch das E. cartilagineum vor. Es ist dasselbe ein Endosperm, das seiner Härte und Dichtigkeit nach zwischen dem E. corneum und dem E. carnosum in der Mitte steht.

Wie aus dem soeben Angeführten hervorgeht ist diese Classification des Endosperms theils auf, durch unsere Sinne direct als solche zu erkennende Eigenschaften desselben, theils auf die innere durch Beschaffenheit der Zellen und ihres Inhalts bedingte Structur, zu deren Erkenntniss man des Mikroskops und chemischer Reagentien bedarf, begründet. Diese innere Structur ist bei der Classification aber meist nur insoweit berücksichtigt, als sie sich ohne eingehendere Prüfung schon dem blossen Auge und dem Gefühl kenntlich macht. So giebt sich ein grosser Reichthum an Stärke durch weisses, mattes Aussehn und Bröcklichkeit zu erkennen. Reichthum an Oel bedingt grosse Weiche des Endosperms. Bei Druck treten Oeltropfen aus. Dicke der Zellmembran macht sich durch Härte und Durchsichtigkeit bemerklich. Diese zur Classification des Endosperms gewählten Eigenschaften des Zellinhalts und der Zellmembran haben jedoch keineswegs immer die gleiche äussere Gestaltung des Endosperms zur Folge. Vielmehr kann diese durch besondere innere Structurverhältnisse, welche sich mit jenen Eigenschaften combiniren, vollständig abgeändert werden. Anderseits kann auch die gleiche äussere Erscheinungsweise durch verschiedenartige in der innern Structur des Endosperms begründete Ursachen bedingt werden.

Es kann hiernach nicht auffallen, dass die verschiedenen Autoren bei der Classifizirung des Endosperms häufig zu abweichenden Resultaten gelangen, indem dieselben bald nur die äussere Erscheinung berücksichtigen, bald mehr Gewicht auf die innere Structur legen. Die am Schlusse angefügte Tabelle möge eine vergleichende Uebersicht über die von Le Maoût und Decaisne im „Traité général de Botanique", die von Hooker und Bentham in den „Genera plantarum" und die von Grisebach im „Grundriss der systematischen Botanik" angewandten Bezeichnungen für das Endosperm der verschiedenen Pflanzenfamilien geben.

Der Zweck der vorliegenden Arbeit ist: festzustellen, in wie weit Härte, Festigkeit und Aussehen des Endosperms, welche Eigenschaften bei der oberflächlichen Bestimmung desselben hauptsächlich in Frage kommen, durch die innere Structur bedingt werden, und wie man von jenen Eigenschaften auf letztere schliessen kann. Ich habe an der Hand der Le Maoût-Decaisne'schen Bezeichnungsweise das Endosperm zahlreicher Pflanzenfamilien, soweit mir Material davon zu Gebote stand, daraufhin untersucht. Der Grund, wesshalb ich Le Maoût und Decaisne bei der Untersuchung gefolgt bin, liegt darin, dass bei diesen Autoren ein directer Vergleich mit ihrer Definition der Endospermarten möglich ist, während die übrigen Autoren eine solche nicht geben.

Der erste Theil vorliegender Arbeit wird das Resultat der mikroskopischen und mikrochemischen Untersuchungen des Endosperms enthalten. Der zweite Theil soll sodann die Abhängigkeit der äussern Erscheinung des Endosperms von der inneren Structur behandeln nnd dabei soll zugleich die Begründung der in der Systematik üblichen Classification durch die Verschiedenheit der letztern erörtert werden.

I.
Resultate der mikroskopischen und mikrochemischen Untersuchung des Endosperms.

A. Endospermum carnosum.
Cycadeae.

Cycas revoluta. Das Endosperm ist schwach durchscheinend, ziemlich fest. Die Zellen sind gross. Die Zellmembran ist dünn und quillt in Wasser nur wenig. Der Zellinhalt besteht aus grossen rundlichen sich mit Jodkalijodlösung blaufärbenden Stärkekörnern, die in ein Netz von feinkörnigem, sich mit Jodlösung gelb färbendem Protoplasma eingebettet sind. Das Protoplasma kann dadurch sehr gut sichtbar gemacht werden, dass man die Stärkekörner durch concentrirte Schwefelsäure zerstört. Dasselbe bildet einen wandständigen Schlauch, welcher keine Stärkekörner einschliesst und eine den ganzen übrigen Hohlraum der Zelle erfüllende Masse, von der die einzelnen Stärkekörner vollständig eingeschlossen werden, so dass letztere gleichsam in Taschen des Protoplasmas liegen. Auf Querschnitten stellt sich dies Verhältniss so dar, dass man ein vom wandständigen Schlauch ausgehendes Netzwerk den Hohlraum der Zelle durchspannen sieht, in dessen einzelnen Maschen die Stärkekörner sich befinden. Die Stränge des Protoplasmas sind in den peripherischen Zellagen dicker als in den centralen. Das Protoplasma färbt sich mit Ueberosmiumsäure leicht braun, enthält also Fett. Die die Embryonen umgrenzende Zellschicht enthält nur sich mit Jod gelb, mit Ueberosmiumsäure braunfärbendes Protoplasma. Einzelne Zellen, hauptsächlich in der Nähe der Embryonen gelegen, enthalten Gerbsäure, wie daraus hervorgeht, dass Ueberosmiumsäure in denselben einen bläulich-, Eisenchloridlösung einen grünlich-schwarzen Niederschlag hervorbringt. Die dünnen Zellwände färben sich mit Jod und Schwefelsäure unter starker Quellung blau, bestehen also aus reiner Cellulose.

Coniferae. Taxineae.

Taxus baccata. Endosperm weisslich, fettglänzend, sehr weich.

Die Zellen sind mittelgross und besitzen zarte Membranen. Der Inhalt besteht aus hyalin aussehendem, sich mit Ueberosmiumsäure tief braun, mit Jod gelb färbendem Protoplasma, dem sich mit Jod gleichfalls gelb mit Ueberosmiumsäure sich aber nicht färbende, rundliche Proteinkörner eingebettet sind. Diese Körner bestehn aus einer amorphen Hüllmasse und einem von dieser eingeschlossenem Krystalloid. Die Körner werden durch Jodkalijodlösung bald zerstört, wobei anfangs das Krystalloid zurückbleibt. Nach und nach geht dann der ganze Zellinhalt in eine granulirte gelbe, mit bläulich schimmernden Tropfen untermischte Masse über, in der auch die Krystalloide verschwinden. In den inneren Zellschichten finden sich mit Jod sich blau färbende Stärkekörner. Die dünne Zellmembran quillt nur wenig in Wasser, stark dagegen in Jod und Schwefelsäure, besteht also aus reiner Cellulose, während der Inhalt durch sehr fettreiches Protoplasma und von diesem eingeschlossenen krystalloidführenden Proteinkörnern gebildet wird. In den central gelegenen Zellen des Endosperms finden sich auch Stärkekörner.

Gingko biloba. Endosperm weislich, matt doch dicht erscheinend. Beim Schneiden zerbröckelt es leicht.

Die mittelgrossen Zellen haben sehr zarte Membranen. Der Inhalt besteht aus grossen runden, sich mit Jod blau färbenden Stärkekörnern, die von einem Protoplasmanetz eingeschlossen sind. Das Protoplasma färbt sich mit Jod gelb, mit Ueberosmiumsäure leicht braun. Es enthält kleine Körner. Concentrirte Schwefelsäure zerstört nur die Stärkekörner, während das Protoplasma erhalten bleibt. Die äusserste Zellschicht enthält nur fettreiches Protoplasma. Wie bei Cycas haben wir also ein stärkereiches Endosperm. Das Protoplasma führt wieder eine geringe Menge von Fett. Die Zellmembran quillt in Wasser wenig, in Jod und Schwefelsäure löst sie sich unter Blaufärbung, besteht also aus reiner Cellulose.

Cupressineae.

Cupressus pyramidalis. Endosperm weich, fettglänzend, beim Schneiden klebrig.

Die Zellen besitzen zarte Wände. Der Inhalt besteht aus hyalinem Protoplasma und diesem eingebetteten grossen ovalen Proteinkörnern, welche ein Krystalloid und einen kleinen runden Kern — wahrscheinlich ein Globoid — einschliessen. Das Protoplasma ist sehr fettreich, wie aus der tiefen Braunfärbung, die es durch Einwirkung von Ueberosmiumsäure annimmt, hervorgeht. Jodlösung verwandelt den Zellinhalt in eine granulirte, gelbe Masse, in der man jedoch anfangs noch die Umrisse der Proteinkörner, deren Substanz aber vermindert wird, wie man an dem Hellerwerden der Grundmasse des Korns erkennen kann, unterscheidet. Das Krystalloid färbt sich dunkel gelb und wird nicht zerstört. Dagegen löst es sich in verdünnten Säuren, während es in concentrirter Schwefelsäure nur stark quillt. Die in Wasser nur wenig quellbare Zellmembran besteht aus Cellulose.

Liliaceae.

Lilium giganteum. Das Endosperm ist ziemlich fest, beim Schneiden klebt es nicht am Messer; dabei ist es schwach durchscheinend.

Die Zellen haben ein verhältnissmässig weites Lumen. Sie sind in der Längsrichtung des Querschnitts durch den platten Samen gestreckt. Die Zellwände sind viel dicker wie im Endosperm der Gymnospermen. Sie lassen eine Differenzirung in mehrere Schalen erkennen. Die dem Zellumen zunächst gelegene Schale quillt in Wasser sehr stark. Durch die Volumvermehrung wird sie veranlasst sich nach dem Zellinnern zu in Falten zu legen. Dabei nimmt sie ein gelatinöses Aussehn an. Die darauf nach dem Innern der Membran zu zunächst folgende Schale quillt gleichfalls in Wasser, jedoch bedeutend weniger. Die Grenze zwischen zwei Zellen wird durch eine dunkler erscheinende Mittellamelle gebildet. Die Zellwände sind getüpfelt; die Tüpfel werden durch die Mittellamelle geschlossen. Die drei mittleren Schalen der Membran werden durch Jod leicht gelb, durch Jod und Schwefelsäure intensiv blau gefärbt, dabei tritt sehr schön eine Schichtenbildung hervor. Die in Wasser sehr stark quellbare innere Schale der Zellwand wird in Jod und Schwefelsäure bald gelöst, wobei sie sich anfänglich schwach blau färbt. Der Inhalt besteht aus nicht sehr fettreichem Protoplasma und kleinen runden Proteinkörnern, die Zellwand aus Cellulose.

Amaryllideae.

Leucojum aestivum. Das Endosperm ist fest, zäh, durchscheinend.

Die Zellen sind rundlich polyedrisch. Die Zellwand ist dicker wie bei Lilium, besitzt aber im Uebrigen den gleichen Bau. Sie ist getüpfelt und zerfällt in drei Schalen. Doch macht sich insofern eine Abweichung von Lilium bemerklich, als sich die Mittellamelle und dieser zu beiden Seiten anliegenden Schalen sich in Jod gelb, in Jod und Schwefelsäure roth färben. Während die Mittellamelle ihre rothe Färbung auch bei längerer Einwirkung der Schwefelsäure beibehält, geht die Färbung der dieser anliegenden Schalen nach und nach in ein schwaches Blau über. Die das Zelllumen begrenzende Schale färbt sich ebenso, wie bei Lilium unter starker Quellung und darauf folgender Lösung schwach blau. Die Zellwand besteht also aus Schichten, welche theils aus reiner Cellulose bestehn, theils einen geringern oder grössern Grad von Verholzung zeigen, und zwar nimmt die Verholzung nach dem mittleren Theil der Zellmembran zu. Der Inhalt besteht aus nicht sehr fettreichem Protoplasma und Proteinkörnern. Vereinzelt finden sich auch mittelgrosse rundliche Stärkekörner.

Asparageae.

Asparagus scaber. Das Endosperm ist durchscheinend und sehr fest.

Die Zellwände sind sehr dick, das Lumen klein. Die Zellmembran besteht wieder aus mehreren Schalen und besitzt geschlossene Tüpfel. In Wasser quillt dieselbe sehr stark, wobei deutlich eine Mittellamelle hervortritt. Die das Zelllumen zunächst begrenzende Schale quillt wieder am stärksten. In Jod und Schwefelsäure wird dieselbe unter anfänglicher Blaufärbung bald gelöst. Die auf diese folgende Schale färbt sich mit Jod leicht gelb, mit Jod und Schwefelsäure intensiv blau unter Schichtenbildung. Die mittlere Schale der Membran wird durch Jod gelb, durch Jod und Schwefelsäure roth gefärbt. Nach längerer Einwirkung der Schwefelsäure treten auch in dieser Schale blaue Partien auf, die mit braunrothen wechsellagern. Die blauen Partien werden dann gelöst und es bleibt ein Gerüst von unregelmässig gelagerten braunen Stäbchen zurück. Die Zellmembran besteht also wieder aus mehreren Schalen, welche einen ungleichen Grad von Verholzung zeigen. Der mittelste Theil der Membran ist am stärksten verholzt, die dieser zu beiden Seiten anliegenden Schalen bestehn schon wesentlich aus reiner Cellulose, die dann folgenden sind sehr quellbar und besitzen eine fast gelatinöse Consistenz. Der Inhalt besteht aus grossen Proteinkörnern, die in Jodlösung in eine Menge kleiner runder Körner zerfallen, und aus fetthaltigem Protoplasma.

Commelineen.

Commelina coelestis. Das Endosperm hat ein weisslich mattes Aussehn. Es ist fest; beim Schneiden zeigt es sich spröde.

Die Zellen sind klein. Der Inhalt wird aus mittelgrossen Stärkekörnern gebildet, die in sich mit Jod gelbfärbendes Protoplasma eingebettet sind. Dasselbe bildet einen derben wandständigen Schlauch und ein von diesem ausgehendes Netzwerk, dessen Maschen die Stärkekörner umschliessen. Gegen Reagentien ist das Protoplasma sehr widerstandsfähig. Concentrirte Schwefelsäure oder Kalilauge zerstört dasselbe nicht. Durch Ueberosmiumsäure wird dasselbe nicht merklich gefärbt, ist also sehr fettarm. Um die Zellmembranen deutlich zu Gesicht zu bekommen, muss man das Protoplasma durch verdünnte Kalilauge zerstören. Dieselben sind sehr zart; in Jod und concentrirter Schwefelsäure lösen sie sich unter Blaufärbung.

Juncaeae.

Luzula Forsteri. Das Endosperm ist schwach durch-durchscheinend, ziemlich fest, leicht zu schneiden.
Die Zellen sind klein. Die Zellmembran ist dünn, doch dicker als bei Commelina. In Wasser quillt dieselbe. Der Inhalt besteht aus Stärkekörnern, die vom ziemlich bedeutend entwickeltem Protoplasma, welches in Jodlösung wie granulirt erscheint, umschlossen werden. Das Protoplasma färbt sich mit Ueberosmiumsäure leicht braun, hat also einen geringen Gehalt an Fett.

Solaneae.

Datura Stramonium. Das Endosperm ist mattglänzend, weich.
Die Zellwände sind mittelstark. Der Inhalt besteht aus sehr fettreichem Protoplasma und von diesem eingeschlossenen grossen polyedrischen Proteinkörnern, welche ihrerseits wieder mehrere Einschlüsse erkennen lassen. Die Zellmembran quillt in Schwefelsäure und Jod stark unter Schichtenbildung und Blaufärbung. Sie besteht demnach aus reiner Cellulose.

Goodeniaceae.

Goodenia ovata. Das Endosperm ist ziemlich weich, von mattem, fettartigem Glanze.
Die Zellen sind mittelgross. Die Zellwände sind dünn, in Wasser stark quellbar. In Jod und Schwefelsäure quellen sie unter intensiver Blaufärbung sehr stark, dabei spaltet sich eine farblos bleibende Mittellamelle ab. Bis auf letztere bestehen sie demnach aus reiner Cellulose. Der Inhalt besteht aus hellem, durchsichtigem Protoplasma und grossen unregelmässig polyedrischen Proteinkörnern, welche ein grosses tafelförmiges Krystalloid einschliessen.

Das Protoplasma ist fettreich, wie aus der tiefen Braunfärbung mit Ueberosmiumsäure hervorgeht.

Lobeliaceae.

Lobelia inflata. Das Endosperm ist weich. Die Zellen besitzen dünne Wände, welche aber in Wasser stark quellen. Mit Jod und concentrirter Schwefelsäure zeigen dieselben die Cellulosereaction. Der Inhalt besteht aus sich mit Jod gelb, mit Ueberosmiumsäure tief braun färbendem Protoplasma, das also sehr fettreich ist, und aus Proteinkörnern, welche keine weitere innere Structur erkennen lassen.

Dipsaceae.

Cephalaria radiata. Das Endosperm ist wenig entwickelt. Es ist weich, schwach durchscheinend.

Die mittelgrossen Zellen besitzen ziemlich dicke Wände, welche in Wasser sehr quellbar sind. Mit Jod und Schwefelsäure zeigen sie die Cellulosereaction bis auf eine Mittellamelle, welche farblos bleibt. Der Inhalt besteht aus hyalinem Protoplasma, welches ziemlich reich an Fett ist, und aus Proteinkörnern. Letztere zeigen im Innern viele kleine runde Körperchen, wie Präparate in Ueberosmiumsäure, Oel oder absolutem Alkohol zeigen. In Jodlösung und in Wasser zerfallen die Proteinkörner, wobei die Körperchen frei werden.

Polemoniaceae.

Collomia grandifolia. Das Endosperm ist nur wenige Zellschichten stark. Es ist ziemlich fest.

Auf Schnitten, welche man in wasserfreien Medien beobachtet, erblickt man sehr unregelmässig gestaltete Zellen. Die Wände derselben sind vielfach gefaltet. Der Inhalt besteht aus einer hyalinen Grundmasse und aus grossen Körnern, die in ihrem Innern kleine punktförmige Körperchen erkennen lassen. Die protoplasmatische Grundmasse ist sehr fettreich, wie die tiefbraune Färbung die sie in Ueberosmiumsäure annimmt, beweist. In letzterem Medium treten die kleinen Einschlüsse der Proteinkörner, welche letztere sehr durchsichtig sind, noch deutlicher hervor. Jodlösung, wie Wasser zerstört die Proteinkörner wobei die Kerne derselben, welche hier noch kleiner sind als bei Cephalaria frei werden. In wasserhaltigen Medien strecken sich zugleich die Zellwände. Mit Jod und Schwefelsäure färben sich dieselben bis auf eine farblos bleibende Mittellamelle blau.

Globulariaceae.

Globularia vulgaris. Das Endosperm ist dicht, von fettartigem Glanze und ziemlich weich.

Die Zellen sind von mittlerer Grösse und besitzen ziemlich dünne Wände. Die innerste Schale der Zellwand ist in Wasser sehr quellbar, der mittlere Theil der Membran weniger. Letzterer färbt sich mit Jod und Schwefelsäure intensiv blau, während die zuerst erwähnte Schale unter schwacher Blaufärbung darin zerfliesst. Der Inhalt besteht aus hyalinem sich mit Ueberosmiumsäure tief braun färbenden also fettreichem Protoplasma und aus polyedrisch gestalteten Proteinkörnern. Letztere schliessen ein octaederförmiges Krystalloid ein. Die Hüllschicht des Kornes ist nur schwach entwickelt. Am besten macht man dieselbe sichtbar durch nicht zu verdünntes Glycerin, dem man etwas Jodlösung zugesetzt hat. Das Krystalloid färbt sich als dann intensiv gelb, während der übrige Theil des Kornes schwächer gefärbt wird. Concentrirte Schwefelsäure und verdünnte Kalilauge lösen das Krystalloid unter anfänglicher starker Quellung desselben. Concentrirte Kalilauge verändert dasselbe nicht. Jodlösung verwandelt den Zellinhalt in eine granulirte, gelbe Masse, in der jedoch die Krystalloide noch sichtbar bleiben.

Plantagineae.

Plantago Psyllium. Das nur wenig entwickelte Endosperm ist dunkel, glänzend, hart.

Die Zellen des Endosperms besitzen dicke, getüpfelte Wände, die in Wasser stark quellen. Wieder ist es die zunächst das Zelllumen begrenzende Schale der Zellwand, welche am meisten quillt. Mit Jod und Schwefelsäure färbt sich dieselbe zuerst hellblau, löst sich dann aber rasch. Der mittlere Theil der Zellmembran färbt sich mit Jod gelb, mit Jod und Schwefelsäure zuerst rothbraun dann aber auch blau. Er besteht also auch wesentlich aus Cellulose, lässt aber einen geringen Grad von Verholzung erkennen. Der Inhalt besteht aus fetthaltigem, hyalin aussehendem Protoplasma und kleinen ovalen Proteinkörnern. In wasserhaltigen Medien wird er in eine granulirte Masse verwandelt.

Primulaceae.

Primula officinalis. Das Endosperm ist dunkel, fest und durchscheinend.

Die Zellen besitzen dicke Wände, die in Wasser stark quellen. Da die Zellmembran nicht gleichmässig dick ist, vielmehr dünnere Stellen derselben mit dicken abwechseln, so werden die Umrisse des Querschnitts der Membran durch wellenförmige Linien gebildet. Die Membran zerfällt wieder in eine mittlere, weniger quellbare und zwei zu beiden Seiten dieser gelegene stark quellbare Schalen. Die ganze Zellwand zeigt die Cellulosereaction. Der Inhalt wird aus hyaliner, fettreicher, protoplasmatischer Grundsubstanz und aus von dieser eingeschlossenen Proteinkörnern gebildet. In wasserhaltigen Medien wird der Inhalt desorganisirt.

Ilicineae.

Ilex aquifolium. Das Endosperm ist grau, weich, von fettartigem Glanze.

Die Zellen besitzen dünne, einfache, aus Cellulose bestehende Wände. Der Inhalt wird von fetthaltigem, klarem Protoplasma und von diesem eingeschlossenen Proteinkörnern gebildet, welche ein Krystalloid enthalten. In wasserhaltigen Medien zerfällt der Inhalt in eine granulirte, mit vielen Fetttropfen untermischte Masse.

Caprifoliaceae.

Viburnum oxycoccos. Das Endosperm ist nur wenige Zelllagen stark. Es ist weich und besitzt fettartigen Glanz.

Die Zellen sind mittelgross, polyedrisch. Die Zellwände sind dünn und nicht weiter differenzirt. In Wasser quellen sie stark, mit Jod und Schwefelsäure zeigen sie Cellulosereaction. Der Inhalt besteht aus mittelgrossen Proteinkörnern und fettreicher protoplasmatischer Grundsubstanz, welche jedoch nur geringe Mächtigkeit besitzt.

Araliaceae.

Aralia racemosa. Das Endosperm ist weich und hat ein graues, fettglänzendes Aussehn.

Die Zellen besitzen eine unregelmässige Gestalt. Die Zellwände sind dünn. In Wasser quellen sie. Mit Jod und Schwefelsäure zeigen dieselben die Cellulosereaction. Der Inhalt besteht aus klarem, durchsichtigem Protoplasma, das mit Ueberosmiumsäure sich tief braun färbt, also reich an Fett ist, und aus diesem eingebetteten Proteinkörnern.

Letztere enthalten ein Krystalloid und mehrere kleine runde Körner. Besonders schön treten diese Einschlüsse in concentrirtem Glycerin, dem man Jodlösung zugesetzt hat, hervor. Das Krystalloid färbt sich dann gelb. Wasserhaltige Medien zerstören das Proteinkorn, wobei das meist octaederförmige Krystalloid sowie die runden Körnchen frei werden. Durch Essigsäure wird das Krystalloid und die Körnchen gelöst, ebenso durch verdünnte Kalilauge und durch concentrirte Schwefelsäure. Die kleinen Körnchen sind demnach Globoide.

Saxifrageae.

Mitella diphylla. Das Endosperm ist weich und besitzt matten fettartigen Glanz.

Die Zellen sind klein, dünnwandig. Die Zellwände zeigen keine weitere Differenzirung. In Wasser quellen sie ziemlich stark; mit Jod und Schwefelsäure zeigen sie die Cellulosereaction. Schnitte in Oel oder absolutem Alkohol zeigen als Inhalt eine klare, durchsichtige Grundmasse und von dieser eingeschlossene Proteinkörner, welche letztere ein Krystalloid enthalten. In wasserhaltigen Medien zerfällt der Inhalt, indem sich die Grundsubstanz der Proteinkörner löst, zu einer granulirt aussehenden Masse, die sich mit Ueberosmiumsäure tief braun färbt, also fettreich ist. Die Krystalloide färben sich in Jod gelb, in Jod und concentrirter Schwefelsäure rothgelb, wobei sie zuerst stark quellen und dann zerfliessen.

Halorageae.

Cercadia erecta. Das wenig entwickelte Endosperm ist weich, von fettartigem Glanze.

Die Zellen sind klein, polyedrisch und dünnwandig. Die Zellwände quellen in Wasser. Sie bestehen aus Cellulose und zeigen weiter keine Differenzirung. Der Inhalt besteht aus homogen erscheinendem Protoplasma, welches grosse, runde Proteinkörner einschliesst. Letztere enthalten mehrere verschieden grosse rundliche Körperchen, welche in der Mitte des Korns beisammen liegen. Die Structur des Inhalts wird durch Ueberosmiumsäure und durch Jodlösung nicht zerstört. Essigsäure löst die Grundmasse des Proteinkorns. Die Körperchen werden dann frei, wobei sie sich von einander trennen. Bei längerer Einwirkung der Essigsäure verschwinden dieselben. Auch concentrirte Schwefelsäure löst dieselben. Es sind daher Globoide.

Dilleniaceae.

Candollea tetraedra. Das Endosperm ist fest, mattglänzend.

Die Zellen besitzen ziemlich starke Wände. Der mittlere Theil der Zellmembran färbt sich in Jod und Schwefelsäure zuerst rothbraun dann aber intensiv blau, während zu beiden Seiten von diesem mittleren Theil sich die Zellmembran sofort unter starker Quellung blau färbt. In Wasser quillt die ganze Membran stark, vorzüglich aber die zu beiden Seiten zu äusserst gelegenen Schalen. Die Membran besteht demnach wesentlich aus reiner Cellulose, ist aber in der Mitte leicht verholzt. Der Inhalt besteht aus klarem, durchsichtigem, fettreichem Protoplasma und Proteinkörnern. Letztere enthalten Krystalloide. Dieselben können durch Schwefelsäure isolirt werden, zerfliessen aber bald darin.

Oxalideae.

Oxalis tropaeoloides. Die Samen sind klein, so dass man das Aussehn des Endosperms nicht bestimmen kann. Beim Schneiden zeigt es sich weich.

Die Zellen besitzen ziemlich dünne Wände, welche in Wasser quellen. Mit Jod und Schwefelsäure zeigen dieselben Cellulosereaction. Die das Zelllumen zunächst einschliessenden Schalen der Membran werden dabei zerfliesslich, während der mittlere Theil der Membran sich resistenter erweist. Der Inhalt besteht aus einer fettreichen Grundmasse und aus Proteinkörnern. Die Grundmasse wird durch Jodlösung nur sehr schwach gelb gefärbt, scheint also arm an Eiweisssubstanz zu sein.

Francoaceae.

Francoa sonchifolia. Das Endosperm ist dicht, weich. Die mittelgrossen Zellen besitzen dünne Wände, welche in Wasser quellen und aus Cellulose bestehn. Der Inhalt besteht aus klarem, fettreichem Protoplasma und aus Proteinkörnern, welche nur eine verhältnissmässig geringe Grösse besitzen und weiter keine Differenzierung erkennen lassen.

B. Endospermum corneum.

Cannaceae.

Canna sp. Die Cannaceen besitzen kein eigentliches Endosperm, sondern ein Perisperm. Da letzteres aber das erstere als Reservestoffbehälter für den Embryo functionell vertritt, und ausserdem in den systematischen Handbüchern oft unter dem Namen „Albumen" mitverstanden wird, so habe ich dasselbe gleichfalls untersucht.

Das Perisperm von Canna ist hart und sehr zäh, dabei ist es weiss, stark glänzend und schwach durchscheinend. Die Zellen sind klein und rund; die Zellwände sind dünn und quellen in Wasser nur wenig. In Jod und Schwefelsäure färben sie sich blau. An die Zellwand legt sich ein starker Protoplasmaschlauch an, von welchem aus sich Fäden durch den Zellraum ausspannen, welche dort ein Netzwerk bilden, von dessen Maschen Stärkekörner umschlossen werden. Das Protoplasma ist Reagentien gegenüber sehr widerstandsfähig. Concentrirte Schwefelsäure zerstört dasselbe nicht, dagegen desorganisirt sie die Stärkekörner, so dass das Protoplasmanetz sehr schön durch Einwirkung von Schwefelsäure sichtbar gemacht werden kann. Die Stärkekörner selbst sind klein, oval. Das Protoplasma ist sehr fettarm. Da, wo mehrere Zellen zusammenstossen, finden sich oft kleine dreieckige Intercellularräume.

Umbelliferae.

Caucalis leptophylla. Das Endosperm ist durchscheinend, fest.

Die Zellen sind klein, die Zellwände dick. Die letzteren quellen in Wasser stark, vorzüglich wieder die den Zellraum zunächst begrenzende Schale derselben. Der mittlere Theil der Membran ist verholzt, während der Rest der Zellmembran aus reiner Cellulose besteht. Der Inhalt wird aus klarem, homogen aussehendem, fettreichem Protoplasma und von diesem eingeschlossenen Proteinkörnern gebildet. Diese enthalten ein Krystalloid, das man wieder durch jodhaltiges concentrirtes Glycerin, in welchem es sich gelb färbt, sichtbar machen kann. Wässerige Jodlösung zerstört die Proteinkörner, wobei anfangs das Krystalloid frei wird. Nach einiger Zeit quillt dasselbe, wobei es heller wird, um sich dann zu lösen.

C. Endospermum cartilagineum.

Le Maoût und Decaisne führen nirgends das *E. cartilagineum* als einzigen Typus des Endosperms einer Pflanzenfamilie an. Diesen Autoren zufolge kommt bei den Familien, bei welchen abgesehn von Zwischenformen, wie dem *E. carnosum-cartilagineum*, ein typhisches *E. cartilagineum* überhaupt auftritt, immer noch eine andere Art des Endosperms wie *carnosum* oder *corneum* gleichfalls vor. Es ist dabei zu bemerken, dass das Endosperm innerhalb derselben Familie nur wenig zu variiren pflegt, meist nur dann, wenn die Familie scharf unterschiedene Unterfamilien enthält, welche letztere allerdings manchmal Abweichungen im Bau des Endosperms zeigen. Im Allgemeinen sind die Abweichungen innerhalb ein und derselben Familie aber doch nur so gering und durch so vielfache Uebergänge mit einander verbunden, dass, wo einer Familie mehrere Arten von Endosperm zugeschrieben werden, es sich wohl immer um Grenzfälle der einen oder der anderen Art handelt.

Endospermum corneum oder cartilagineum.
Palmae.

Chamaerops humilis. Das Endosperm ist sehr hart, fest und zäh dabei durchscheinend.

Die Wände der Zellen sind sehr dick, getüpfelt. Sie quellen in Wasser stark, die den Zellraum zunächst begrenzende Schale wieder am stärksten. Dieselbe färbt sich in Jod und Schwefelsäure blau. Die diese umschliessende färbt sich anfänglich rothbraun dann auch blau, während der mittlere Theil der Zellmembran sich wieder sofort blau färbt. Wesentlich besteht also die Membran aus reiner Cellulose, und nur die Schalen der Membran, welche sich zunächst der Mittellamelle anschliessen, zeigen einen geringen Grad von Verholzung. Der Inhalt besteht aus grossen Proteinkörnern und aus gering entwickelter fetthaltiger protoplasmatischer Grundmasse.

Die von Protoplasma gefüllten Canäle, welche die

Platte der Tüpfel im Endosperm von Phönix dactylifera durchsetzen, wie Dr. Tangl [1]) nachgewiesen, konnte ich bei Chamaerops humilis nicht entdecken.

Endospermum cartilagineum oder carnosum zuweilen subcorneum.

Irideae.

Iris sibiriaca. Das Endosperm ist fest, durchscheinend. Die Zellwände sind dick und besitzen geschlossene Tüpfel. Die Zellwand zeigt dieselbe Schalenbildung wie bei Chamaerops. Der mittlere Theil der Membran besteht aus reiner Cellulose, die sich an diesen zu beiden Seiten anschliessenden Schalen färben sich mit Jod und Schwefelsäure zuerst braunroth, dann violett und schliesslich unter Schichtenbildung blau; dabei bleibt jedoch ein Haufwerk von braunen Stäbchen zurück. Die das Zelllumen zunächst begrenzenden Schalen bestehn dann wieder aus reiner Cellulose. Dieselben sind sehr quellbar. Der Inhalt besteht aus fettreichem, homogen erscheinendem Protoplasma und mittelgrossen rundlichen Proteinkörnern, welche ein Krystalloid einschliessen.

Gladiolus segetum. Das Endosperm ist hell, durchscheinend und fest.

Die Zellen sind mittelgross, rundlich. Die Wände derselben sind dick, jedoch weniger wie bei Iris und getüpfelt. Die Tüpfel sind weit und nicht scharf begrenzt, so dass sie mehr wie Einbuchtungen der Zellwand aussehn. Die Zellwände sind mit Wasser stark quellbar. Sie zeigen ganz denselben Aufbau aus verschiedenen Schalen wie Iris. Die Verholzung der einen Schale scheint hier noch

---

[1]) Jahrbücher für wissenschaftliche Botanik. XII. Band. II. Heft. p. 184.

weiter zu gehen, wie bei Iris, da sie sich nicht mehr ganz blau färbt, sondern einige Schichten derselben die braune Färbung behalten. Der Inhalt besteht wieder aus fettreichem Protoplasma und krystalloidführenden Proteinkörnern.

Endospermum cartilagineum oder carnosum fast corneum.
Rubiaceae.

Coffea arabica. Das Endosperm ist in trockenem Zustande hart, von hornartigem Aussehn; mit Wasser angefeuchtet wird es weich. In der Mitte des Querschnitts durch den Samen zieht sich eine dem Randcontour parallele dunklere Zone hin.

Die Zellen, welche dieser dunkleren Zone angehören sind in der Längsrichtung des Querschnitts gestreckt, während die übrigen Endospermzellen keine bestimmte Orientirung nach irgend welcher Richtung zeigen. Die Zellwände sind stark und zeigen knotige Verdickungen. In der dunkleren Zone finden sich diese Verdickungen der Zellmembran nicht. In Wasser quillt die Membran stark. Sie zerfällt dabei in eine mittlere weniger und zwei, diese einschliessende, stärker quellbare Schalen. Die ganze Zellmembran zeigt Cellulosereaction. Der Inhalt besteht aus einer klumpigen, fein granulirt erscheinenden Masse, welche Eiweissstoffe und fettes Oel enthält. Zuweilen schliesst dieselbe einige Stärkekörner ein. Ob der Inhalt ursprünglich eine andere Structur zeigte und erst durch die verschiedenen Processe, denen der Caffeesame unterworfen wird, bevor er in den Handel kommt, zu dieser klumpigen Masse wird, vermag ich nicht zu entscheiden, da es mir nicht möglich war Untersuchungen an frischen Samen anzustellen. Da jedoch Wasser in den meisten Fällen die Proteinkörner zerstört, so ist es sehr wohl möglich, dass auch der Zellinhalt des Endosperms von Coffea ursprünglich aus solchen und einer protoplasmatischen Grundmasse bestanden hat.

Von Interesse ist eine Mittheilung von O. Jäger über die Bedeutung der dunkleren Zone des Endosperms. Die Zellwände sind in dieser nämlich oft zerstört, so dass Hohlräume gebildet werden, die mit einer klumpigen granulirten Masse gefüllt sind. O. Jäger spricht nun die Ansicht aus, dass die Zellwände in dieser Zone des Endosperms einem frühzeitigen Desorganisationsprocess deswegen verfielen, damit zur Zeit der Keimung durch die so gebildeten Lücken des Gewebes dem Embryo Nahrungsstoffe aus entfernten Theilen des Endosperms auf capillarem Wege zugeführt werden könnten.

Asperula tinctorium. Das Endosperm ist matt durchscheinend fest.

Die Wände der mittelgrossen Zellen sind dick. Die Zellmembran quillt in Wasser und lässt dabei wieder die Differenzirung in drei Schalen erkennen, zwei seitliche, stark quellbare und eine mittlere weniger quellbare. Letztere färbt sich mit Jod gelb, zeigt auch die Cellulosereaction später wie die übrige Zellmembran. Sie scheint also leicht verholzt zu sein. Der Inhalt besteht aus klarem, fetthaltigem Protoplasma und kleinen polyedrischen Proteinkörnern. In Wasser wird die Structur des Inhalts zerstört.

Galium ruboides. Das Endosperm ist fest, matt durchscheinend.

Die Zellen sind klein, die Zellwände stark, ungleichmässig dick und vielfach gebogen. In Wasser strecken sich dieselben, zugleich quellen sie stark in radialer Richtung. Die Zellmembran zeigt dieselbe Schalenbildung und dieselben Reactionen wie bei Asperula. Der Inhalt besteht aus klarem, fetthaltigem Protoplasma und aus Proteinkörnern von sehr verschiedener Grösse, die weiter keine Differenzirung erkennen lassen. Wasser zerstört dieselben.

Endospermum corneum oder carnosum.
Ranunculaceae.

Ranunculus Thomasii. Das Endosperm ist hell, matt durchscheinend, fest.

Die Zellen sind polyedrisch und besitzen dicke Wände. Die Zellmembran quillt wieder stark in Wasser. Sie zeigt denselben Bau aus einer leicht verholzten mittleren Lamelle und zwei seitlichen stark quellbaren, aus Cellulose bestehenden Schalen wie Galium und Asperula. Der Inhalt besteht aus klarem, homogen aussehendem, fetthaltigem Protoplasma und grossen Proteinkörnern. Dieselben schliessen ein Krystalloid und eine Menge kleiner runder Körnchen — wahrscheinlich Globoide — ein. Durch Jodlösung werden die Proteinkörner nicht zerstört.

Endospermum subcorneum oder carnosum.
Berberideae.

Berberis emarginata. Das Endosperm ist durchscheinend, fest.

Die Zellen besitzen mittelstarke Wände. Dieselben sind wellenförmig gebogen. In Wasser strecken sich dieselben, wobei sie zugleich in radialer Richtung quellen. Jod und Schwefelsäure lässt wieder die drei Schalen der Membran, die wir bei Ranunculus und den Rubiaceen gefunden haben, hervortreten. Die mittlere Schale ist jedoch kaum verholzt. Der Inhalt besteht aus hyalinem fettreichem Protoplasma und Proteinkörnern, die weiter keine Structur zeigen. Jodlösung und Wasser zerstören die Proteinkörner.

D. Endospermum eburneum.

Phytelephasicae.

Phytelephas eburneum. Das Endosperm ist weiss, glänzend, sehr hart und spröde. Die Zellen des Endosperms erscheinen auf Tangentialschnitten rundlich, auf Radialschnitten länglich viereckig und radial gestreckt. Das Zelllumen ist klein. Die Zellwände sind sehr dick und mit geschlossenen Tüpfeln versehn. In Wasser quellen sie sehr stark, wobei sie in mehrere Schalen zerfallen. Die den Zellraum zunächst begrenzende Schale quillt in Wasser am stärksten, wobei sie gelatinös wird. Im Anfang der Quellung zeigt sie Schichtenbildung. Die diese umschliessende Schale quillt gleichfalls stark in Wasser, wird aber nicht gelatinös. Der mittlere Theil der Zellmembran quillt in Wasser wenig und behält die Umrisse der ungequollenen Membran bei. In den Tüpfeln verjüngt er sich zu der Tüpfelplatte. Die Tüpfelcanäle werden durch die gequollenen Schalen der Membran ganz ausgefüllt. Die ganze Zellmembran zeigt mit Jod und Schwefelsäure die Cellulosereaction, der gelatinös werdende Theil derselben jedoch nur schwach. Er wird bald gelöst. Der Inhalt, welcher selten den ganzen Raum der Zelle ausfüllt, besteht aus einer klumpigen eiweiss- und fetthaltigen Masse.

E. Endospermum oleosum.

Papaveraceae.

Bocconia caudata. Das Endosperm ist dunkel, von fettartigem, mattem Glanze und weich.

Die Zellen sind gross, polyedrisch. Die Zellwände sind zart und quellen in Wasser. Sie bestehn aus reiner Cellulose. Der Inhalt wird von einer mächtig entwickelten, hyalin erscheinenden Grundmasse und aus Proteinkörnern gebildet. Die Grundmasse färbt sich mit Ueberosmiumsäure tiefbraun, mit Jod nur schwach gelb. Dieselbe ist daher sehr fettreich aber arm an Eiweissstoffen. Die Proteinkörner enthalten ein Krystalloid, das sich in verdünnter und concentrirter Schwefelsäure sowie in verdünnter Kalilauge löst, in concentrirter Kalilauge dagegen unlöslich ist.

Endospermum carnosum-oleosum.
Abietineae.

Abies balsamea. Das Endosperm ist sehr weich, fettglänzend.

Die Zellen sind sehr zartwandig. Die Zellmembran, welche in Wasser nur wenig quillt, besteht aus reiner Cellulose. Der Inhalt wird aus klarem, durchsichtigen Protoplasma, welches sehr fettreich ist, und aus Proteinkörnern gebildet. Die Proteinkörner schliessen viele kleine Globoide und ein Krystalloid ein. Sie werden durch Jodlösung und durch Wasser zerstört.

F. Endospermum farinosum.
Gramineae.

Zea Mais. Das Endosperm ist in der Mitte des Samens weiss und mehlig, in der Peripherie desselben hart, spröde und durchscheinend. Der Inhalt besteht seiner Hauptmasse nach aus grossen Stärkekörnern. Im festen Theil des Endosperms sind dieselben regelmässig wie die Steine eines Pflasters dem sich mit Jod gelb färbenden Protoplasma eingelagert. Das Protoplasma ist gegen Reagentien sehr widerstandsfähig. Man kann die Stärkekörner durch concentrirte Schwefelsäure zerstören und erhält dann ein sehr schönes Bild des Protoplasmanetzes. Die

Zellwände sind in diesem Theil des Protoplasmas noch erhalten und die Zellen in lückenlosem Verbande. Die Zellwände sind sehr zart; in Wasser quellen sie sehr wenig. Sie bestehen aus reiner Cellulose. Im mehligen Theil des Endosperms ist der Zusammenhang der Zellen grösstentheils aufgehoben. Zwischen den einzelnen Zellen befinden sich Lücken. Der Zellinhalt wird meistens noch durch das Protoplasma, welches die Stärkekörner einschliesst zusammengehalten. Zellwände sieht man nicht. Fett scheint das Protoplasma nicht zu enthalten, wenigstens bringt Ueberosmiumsäure keine bemerkbare Färbung hervor. Dagegen enthält die äusserste peripherische Zellschicht nur fettreiches Protoplasma und keine Stärkekörner.

Nymphaeaceae.

Nymphaea alba. Das eigentliche Endosperm ist nur schwach entwickelt, es wird durch das Perisperm vertreten. Letzteres ist mehlig, weiss, während das eigentliche Endosperm weich und fleischig ist.

Das Endosperm wird aus wenigen dünnwandigen Zellen gebildet, welche fetthaltiges Protoplasma enthalten. Die Zellen des Perisperms sind gross. Die Zellwände sind sehr zart. Man muss dieselben durch Zerstören des Inhalts in verdünnter Kalilauge erst sichtbar machen. Der Inhalt besteht aus grossen polyedrischen Stärkekörnern, welche aus kleineren Theilkörnern zusammengesetzt sind. Dieselben sind in ziemlich mächtig entwickeltes, fettarmes Protoplasma eingebettet. In der Mitte des Perisperms sind die Zellwände häufig zerrissen. Es finden sich dann Lücken zwischen den Zellen. In der Peripherie des Perisperms stehn die Zellen noch mit einander in Zusammenhang. Dasselbe sieht hier dunkel aus und ist fest und hart.

Polygoniaceae.

Fagopyrum esculentum. Das Endosperm ist weiss, mehlig.

Die Zellwände sind sehr zart und bestehen aus reiner Cellulose. Der Inhalt besteht aus mittelgrossen Stärkekörnern, die von fettarmem Protoplasma umschlossen werden. Die Zellen haben sich meistens von einander getrennt, wobei die Zellwände zerrissen sind, während die Inhaltsmassen durch das Protoplasma zusammengehalten werden.

Endospermum farinosum oder subcorneum.

Cistaceae.

Cistus vulgaris. Das Endosperm ist hart, grau, durchscheinend, wenig entwickelt.

Die Zellen sind klein und besitzen verhältnissmässig dicke Wände, welche stark gebogen sind. In Wasser strecken sich diese, wobei sie zugleich in radialer Richtung quellen. Der Inhalt besteht aus mittelgrossen ovalen Stärkekörnern, die von einem verhältnissmässig fettreichen Protoplasma eingeschlossen werden.

Endospermum carnosum oder farinosum.

Cyperaceae.

Carex Grayi. Das Endosperm ist weiss, bröcklich.

Die Cellwände sind dünn und bestehn aus Cellulose. Der Inhalt besteht aus Stärkekörnern und Protoplasma. Das Protoplasma bildet einen stärkefreien wandständigen Schlauch, eine von diesem umschlossene stärkeführende Schicht und eine centrale von Stärkekörnern wieder freie Masse. Letztere zerfällt leicht in mehrere durch ebene oder gekrümmte Flächen begrenzte Körper. Im mittleren Theil des Endosperms sind die Inhaltsmassen, welche durch das Protoplasma zusammengehalten werden, durch Zerreissen der Zellwände isolirt. Sie liegen dort ordnungslos und durch Lücken getrennt neben einander. Das Protoplasma färbt sich mit Ueberosmiumsäure leicht braun, hat also einen geringen Fettgehalt.

Typhaeaceae.

Typha latifolia. Das Endosperm ist weich, nicht mehlig, nur wenige Zellschichten stark.

Die Zellen sind klein und haben dünne Wände. Die Zellen sind alle noch im Zusammenhang mit einander. Der Inhalt besteht aus einem grossen centralen gradflächigen, sich mit Jod gelb färbenden Protoplasmakörper. Dieser wird von einer Protoplasmaschicht umgeben, welche Stärkekörner eingeschlossen enthält. An diese schliesst sich der wandständige, stärkefreie Protoplasmaschlauch an. Die centrale Eiweissmasse zerfällt oft in zwei bis drei kleinere Körper. Diese zeigen grade, nur manchmal etwas gebogene Kanten und Flächen. In Ueberosmiumsäure färben sich dieselben nicht, während sich das übrige Protoplasma leicht braun färbt, also einen geringen Fettgehalt besitzt. In Jod und Schwefelsäure färben sich die oben genannten Körper rothgelb, dann quellen sie stark, wobei die äussere Schicht derselben zu zerfliessen beginnt, während der Kern noch die Umrisse des ganzen Körpers bewahrt. Schliesslich beginnt auch dieser zu zerfliessen. In Kalilauge quellen diese Eiweisskörper stark ohne sich zu lösen. Nach allem dürfen wir sie wohl als Krystalloide bezeichnen trotz der manchmal gekrümmten Flächen. Eine amorphe Hüllschicht lassen dieselben nicht erkennen. Sie sind vielmehr direct dem Protoplasma eingebettet. Die in Wasser wenig quellbaren, dünnen Zellwände bestehen aus reiner Cellulose.

Musaceae.

Musa sanguinea. Das Endosperm ist hier wieder durch das Perisperm vertreten. Dasselbe ist weiss, locker und mehlig. Die Zellen stehn nur am Rande des Perisperms noch in Zusammenhang; im Innern bilden sie ein loses Haufwerk. Die Zellwände sind in diesem innern Theil meist zerrissen. Sie sind sehr zart und bestehn aus Cellulose. Der Inhalt wird aus einem dünnen, wandständigen Protoplasmaschlauch, einem grossen centralen Krystalloid, und aus einer, dieses einschliessenden stärkeführenden Protoplasmaschicht gebildet. Die Stärkekörner sind rund, von mittlerer Grösse. Die Krystalloide sind sehr gross und zeigen scharf ausgebildete Formen. Entweder sind sie octaederähnlich oder flach tafelförmig sechsseitig gebildet. Mit Jod färben sich dieselben gelb, mit Jod und Schwefelsäure rothgelb. In concentrirter Schwefelsäure quellen sie stark und zeigen dabei, dass sie aus verschiedenen Schichten aufgebaut sind. In verdünnten Säuren sind sie unlöslich, löslich nur in verdünnter Kalilauge. A. F. W. Schimper [1]) hat die Krystalloide aus dem Perisperm von Musa Hillii gemessen, welche ganz dieselben Formen und Reactionen wie die von Musa sanguinea zeigen. Dieselben besitzen rhomboedrische Formen und zwar R und OR. Bei den flach tafelförmigen Krystalloiden ist die Basis hauptsächlich entwickelt, während sie bei den octaederähnlichen mehr zurücktritt. Die Krystalloide sind direct dem Protoplasma eingebettet und nicht in Proteinkörner eingeschlossen. Wenn man die Stärkekörner durch concentrirte Schwefelsäure zerstört, so sieht man sehr schön, wie das Protoplasmanetz, das in seinen Maschen die Stärkekörner enthielt, die Krystalloide umspinnt.

---

[1]) A. F. W. Schimper, Untersuchungen über die Proteinkrystalloide der Pflanzen. Dissertation. Strassburg 1878.

Aroideae.

Arum dracunculus. Das Endosperm ist fest, weiss glänzend, undurchsichtig.

Die Zellen sind mässig gross. Die Zellwände sind dünn, jedoch bedeutend stärker wie bei Musa und Carex. Sie bestehn aus Cellulose. Der Inhalt wird wieder aus grossen polyedrischen Stärkekörnern, welche aus kleinen Theilkörnern zusammengesetzt sind, und aus sich mit Ueberosmiumsäure leicht braun färbendem Protoplasma, das also einen geringen Gehalt an Fett besitzt, gebildet. Das Protoplasma differenzirt sich in den wandständigen Schlauch, die stärkeführende Schicht und den centralen Körper. Letzterer ist aus mehreren Theilkörpern zusammengesetzt, welche eine ziemlich regelmässige Gestalt besitzen. Die dieselben begrenzenden Kanten und Flächen sind jedoch stark gekrümmt. Ob man dieselben als Krystalloide bezeichnen kann, lasse ich dahingestellt. In concentrirter Schwefelsäure werden sie zerstört; auch das übrige Protoplasma wird desorganisirt. Die Zellen stehen überall in lückenlosem Zusammenhang.

II.

Abhängigkeit der äussern Erscheinung und Classification des Endosperms von der innern Structur desselben.

1. Allgemeine Principien im Bau des Endosperms und Hauptunterschiede in der Structur desselben.

Das Endosperm hat die Aufgabe als Reservestoffbehälter für den Embryo zu dienen, und führt die Stoffe, welcher dieser zu seiner Ernährung bedarf, in möglichst wasserfreiem Zustande. Diese Stoffe zerfallen in zwei grosse Gruppen, in stickstoffhaltige und stickstofffreie. Erstere finden sich im Endosperm in der Form von Eiweissstoffen, letztere in der Form von Stärkekörnern, fettem Oel und — bei den Palmen — von Cellulose. Die Eiweissstoffe bilden immer einen Hauptbestandtheil des in jeder Endospermzelle vorhandenen Protoplasmas; ausserdem sind die Proteinkörner aus Eiweisssubstanz aufgebaut. Proteinkörner und Stärkekörner werden immer allseitig vom Protoplasma umschlossen, so dass sie gleichsam in von diesem gebildeten Taschen liegen. Ausser Eiweissstoffen enthält das Protoplasma auch fettes Oel. Im stärkereichen Endosperm sinkt der Fettgehalt jedoch auf ein Minimum herab, während umgekehrt, wenn sich im Zellinhalt keine Stärke findet, das Protoplasma reich an Fett ist. Stärke und fettes Oel vertreten sich also gegenseitig als Reservestoffe. Die Proteinkörner enthalten niemals Fett. In ihnen differenzirt sich ein Theil der Eiweisssubstanz dann häufig noch zu einem krystallähnlichen Körper, dem Krystalloide, das dann von einer amorphen, gleichfalls aus Eiweiss gebildeten Hülle umgeben wird. Ausser den Krystalloiden können dann noch Krystalle von oxalsaurem Kalk und kleine rundliche aus phosphorsaurem Calcium-Magnesium gebildete Körner, sogenannte Globoide, als Einschlüsse in den Proteinkörnern vorkommen, welche beiden Substanzen aber wohl keine Bedeutung als Reservestoffe haben.

Die Zellwand zeigt eine sehr verschiedene Structur. Entweder ist dieselbe dünn, aus Cellulose bestehend und tritt dem Zellinhalt gegenüber vollständig an Masse zurück, oder sie ist mächtig entwickelt und aus Schalen verschiedenen chemischen und physicalischen Characters zusammengesetzt.

Durch die ungleiche Entwicklung der Zellmembran erhalten wir einen Hauptunterschied in der Ausbildung des Endosperms. Berücksichtigen wir dabei noch, ob der Zellinhalt, falls die Zellmembran dünn ist und der Inhalt bedeutend an Masse überwiegt, Stärke oder Fett enthält, so können wir folgende Arten von Endosperm unterscheiden: erstens stärkereiches, zweitens ölreiches und drittens horniges. Das stärkereiche Endosperm hat dünne Zellwände; im Zellinhalt findet sich viel Stärke. Das ölreiche Endosperm besitzt gleichfalls dünne Zellwände, die Inhaltsmasse enthält aber statt Stärke Fett. Im hornigen Endosperm ist die Zellwand mächtig entwickelt und tritt dem Inhalt gegenüber in den Vordergrund.

2. Abhängigkeit der Verschiedenheit der äusseren Erscheinung des Endosperms von der der innern Structur desselben.

Um nun die Frage zu entscheiden, wie jene ungleiche innere Structur, die uns zur Unterscheidung von stärkereichem, ölreichem und hornigem Endosperm geführt hat, schon in der äussern Erscheinung des Endosperms hervortritt, haben wir zunächst zu prüfen, wie der gesammte innere Bau sich bei den soeben angeführten verschiedenen Arten des Endosperms gestaltet, da von diesem in letzter Instanz die äussere Erscheinung des Endosperms abhängt.

Im stärkereichen Endosperm finden wir immer ein an Fett sehr armes, zähes, gegen Reagentien sehr widerstandsfähiges Protoplasma und dünne, selbst äussert zarte Zellwände. Beim Austrocknen der sehr quellungsfähigen Stärkekörner zerreissen die Zellwände daher oft. Der Inhalt der einzelnen Zellen wird dann meistens noch durch das zähe Protoplasma zusammengehalten. Ist letzteres jedoch an Masse den Stärkekörnern gegenüber sehr zurücktretend, so kann auch der Inhalt der Zellen noch weiter in einzelne Theile zerfallen. Ein Beispiel hiervon bietet uns das Endosperm von Zea Mais. Dasselbe ist insofern noch interessant als es aus einem mehligen, lockern und einem festen, harten durchscheinenden Theil besteht. Letzterer findet sich im peripherischen Theil des Samens, während ersterer central gelegen ist. Der mehlige Theil des Endosperms besteht aus einem ordnungslosen Haufwerk von Inhaltsmassen der Zellen, und deren Theilen, während im festen Theil des Endosperms die Zellen noch alle lückenlos mit einander verbunden sind. Das mehlige weisse Aussehn des mittleren Theiles des Endosperms wird dadurch bedingt, dass sich zwischen den locker neben einanderliegenden Zellmassen Luft befindet. Das Licht wird durch eine solche Masse natürlich in der ungleichsten Weise gebrochen und reflectirt, wodurch das weissliche matte Aussehn dieses Theiles des Endosperms hervorgerufen wird.

Der feste Theil des Endosperms bildet eine zusammenhängende Masse, von ziemlich gleichem Lichtbrechungsvermögen, wie man auf Schnitten sehen kann, welche man in Medien beobachtet, die keine Quellung der Stärkekörner hervorrufen. Man kann alsdann keinerlei Differenzirung des Zellgewebes und des Zellinhalts erkennen. Es kann nicht auffallen, dass grade die centralen Zellschichten des Endosperms zerrissen werden, da sie einem allseitigen Zug ausgesetzt sind, welcher durch die Volumverminderung beim Austrocknen des Zellinhalts hervorgerufen wird, während die peripherischen Zelllagen nur in radialer Richtung gedehnt werden und ausserdem an der festen Samenschale einen Anhalt finden.

Den gleichen Gegensatz zwischen dem peripherischen und dem centralen Theil finden wir im Perisperm von Nymphaea. Dieser Gegensatz ist beim mehligen Endosperm allgemein, doch sind die zusammenhängenden Zellschichten meistens nur schwach entwickelt.

Keineswegs ausnahmslos findet sich die Erscheinung beim stärkereichen Endosperm, dass die centralen Zellen ihre Verbindung unter einander aufgeben. Das Zerreissen der Zellwände, wodurch diese Erscheinung bedingt wird, kann vielmehr dadurch verhindert werden, dass entweder die Zellwände selbst an Dicke zunehmen oder dass das Protoplasma, und vorzüglich der wandständige Schlauch desselben, sich mächtiger entwickelt, und dadurch der Widerstand der Zellwände unterstützt wird. Ein Beispiel dafür, dass die Dicke der Zellwand ein Zerreissen derselben verhindert, bietet uns das Endosperm von Cistus vulgaris. Bei Canna dagegen dient ein mächtiger, aus äusserst zähem, fettarmem Protoplasma gebildeter, wandständiger Schlauch gleichsam als Verdickungsschicht der Zellwand und festigt dieselbe dadurch sehr.

Wo beim stärkereichen Endosperm der Zusammenhang der Zellen gewahrt bleibt, zeigt dasselbe auch keineswegs eine mehlige, lockere Beschaffenheit. Im Gegentheil dasselbe ist oft äusserst zäh und hart. Letzteres beruht immer darauf, dass ein zähes, resistentes Protoplasma den Zusammenhalt der Zellen vermittelt. Die Zellmembran ist nie so stark entwickelt, dass sie eine so grosse Festigkeit des Zellgewebes hervorrufen könnte, wie wir sie z. B. bei Canna finden, dessen Perisperm seiner Härte und Festigkeit nach sich dem Endosperm der Palmen ebenbürtig zur Seite stellen kann. Tritt das Protoplasma mehr an Masse zurück, so wird das Endosperm spröder, nimmt der Fettgehalt des Protoplasmas zu, und wird dies demgemäss nachgiebiger, so wird das Endosperm weicher. Für den letzteren Fall haben wir ein Beispiel im Endosperm von Arum dranunculus.

Im Allgemeinen gilt ferner die Regel, dass ein festes stärkereiches Endosperm auch durchsichtig oder wenigstens durchscheinend ist. Doch ist diese Eigenschaft zu sehr von dem Lichtbrechungsvermögen der einzelnen Theile des Zellinhalts und der Zellwand abhängig, und wird ausserdem noch von der gegenseitigen Lagerung dieser einzelnen Theile bedingt, so dass diese Regel eine ganz allgemeine Bedeutung nicht haben kann. Wo die einzelnen Theile der Zellen das Licht sehr ungleich brechen, wird das Endosperm ein weissliches mattes Aussehn haben, wie z. B. bei Arum. Schnittflächen werden jedoch immer einen bedeutend stärkern Glanz zeigen als den, welchen wir mit dem Begriff eines mehligen Aussehns zu verbinden gewohnt sind.

Der Hauptunterschied, den ein festes, stärkereiches Endosperm im Verhältniss zum eigentlichen hornigen Endosperm mit sehr dicken Zellwänden zeigt, ist der, dass es in Wasser sehr wenig aufquillt. Dies beruht darauf, dass die Träger der Quellbarkeit bei letzterem die Zellwände sind. Da nun diese im stärkereichen Endosperm gering entwickelt sind, das Protoplasma aber sehr wenig quellungsfähig ist, so zeigt dieses Endosperm wenig Quellbarkeit.

Das eigentliche mehlige Endosperm, bei dem der Zusammenhang des Zellgewebes zerstört ist, zeigt jedoch wieder starke Quellbarkeit, da das Wasser sich in den Lücken des zerrissenen Zellgewebes verbreiten kann und freien Zutritt zu den Stärkekörnern hat, auf denen in diesem Falle die Quellbarkeit des Endosperms beruht.

Ein erwähnenswerther Unterschied tritt uns noch in der Art und Weise entgegen wie die Stärkekörner im Protoplasma vertheilt sind. Entweder finden sie sich gleichmässig durch das ganze Protoplasma, mit Ausnahme des wandständigen Schlauches, verbreitet, wie bei Zea Mais, Commelina coelestis, Fagopyrum esculentum, oder sie kommen nur in einer bestimmten Schicht desselben vor. Im letztern Falle enthält der centrale Theil des Protoplasmas und der wandständige Schlauch keine Stärkekörner. Dieselben finden sich nur in einer zwischen beiden Theilen gelegenen Protoplasmaschicht. Der centrale Theil des Protoplasmas kann aus Körpern von ziemlich regelmässiger Gestalt bestehn. Doch nur bei Musa, wo der centrale Protoplasmatheil nur einen solchen Körper bildet, und bei Typha, dürfen wir dieselben mit Sicherheit als Krystalloide bezeichnen. Diese Krystalloide zeichnen sich dadurch aus, dass sie nicht in ein Proteinkorn eingeschlossen sind, wie die Krystalloide fettreicher Samen, sondern direct dem Protoplasma eingebettet sind. Die Krystalloide von Musa haben noch die auffallende Eigenschaft sich mit Ueberosmiumsäure braun zu färben, was auf einen leichten Fettgehalt hindeutet, den wir bei andern Krystalloiden niemals finden.

Das ölreiche Endosperm ist weit übereinstimmender gebaut wie das stärkereiche. Dasselbe besteht gleichfalls aus dünnwandigen Zellen. Der Inhalt der Zellen wird aus fettreichem Protoplasma und aus Proteinkörnern gebildet. Das Protoplasma ist bedeutend weniger zäh und widerstandsfähig wie das fettarme Protoplasma des stärkereichen Endosperms. Häufig genügt schon die Einwirkung von Wasser, um eine Desorganisation desselben zu veranlassen. Die Proteinkörner enthalten meist Krystalloide oder Globoide als Einschlüsse. Die amorphe Grundsubstanz des Proteinkorns löst sich häufig in Wasser. Die Krystalloide finden sich niemals wie im stärkereichen Endosperm ausserhalb der Proteinkörner. Die Dicke der Zellmembran unterliegt grössern Schwankungen. Im Allgemeinen gilt die Regel, dass je dicker die Zellmembran, desto geringer der Fettgehalt des Protoplasmas ist. Ein sehr grosser Fettgehalt verräth sich äusserlich durch grosse Weiche und matten fettartigen Glanz des Endosperms. Wird das Protoplasma ärmer an Fett und zugleich die Zellmembran dicker, so wird das Endosperm fester und durchscheinend. Das ganze Zellgewebe bildet dann eine feste compacte Masse, in der das Lichtbrechungsvermögen und die Festigkeit der einzelnen Bestandtheile des Inhalts, der Proteinkörner und des Protoplasmas, und der Zellwand nicht sehr verschieden sind.

Dadurch, dass die Zellmembran sich immer mehr verdickt, geht das ölreiche Endosperm in das hornartige über. Das typische hornige Endosperm der Palmen, z. B. das von Chamaecops humilis, besteht aus Zellen, welche sehr stark verdickte mit Tüpfeln versehenen Wände besitzen, denen gegenüber der Inhalt an Masse zurücktritt. Die Zellwand ist sehr quellungsfähig, und aus mehreren Schalen zusammengesetzt. Die das Zelllumen zunächst begrenzende Schale besteht aus sehr quellungsfähiger Substanz. Im mittleren Theil der Membran sind einige Schichten leicht verholzt. Die nicht verholzten quellungsfähigen Schichten der Zellwand werden bei der Keimung resorbirt und ihre Substanz als Nahrungsstoff dem Embryo zugeführt. Der Zellinhalt besteht aus verhältnissmässig fettarmem Protoplasma, dessen Fettgehalt jedoch niemals so gering ist wie im stärkereichen Endosperm, und aus Proteinkörnern.

Einen wesentlich übereinstimmenden Bau zeigt das Endosperm der Liliaceen, Amaryllideen und Irideen. Die Dicke der Zellmembran sinkt jedoch bei diesen Familien herab. Am nächsten kommt dem Endosperm der Palmen das der Asparageen und Smilaceen, während das Endosperm der eigentlichen Liliaceen schon erheblich dünnere Zellwände zeigt, die jedoch noch mit Tüpfeln versehen sind. Bei den Irideen sind die Tüpfel weniger scharf gegen die übrige Zellwand abgesetzt; bei Gladiolus erscheinen sie mehr als einfache Einbuchtungen der letztern. Bei den Dicotylen kommt, mit Ausnahme von Plantago Psyllium, keine Tüpfelbildung in den Zellwänden des Endosperms vor. Letztere zeigen nur unregelmässige, wellige oder knotige Verdickungen.

Die Zellmembran besteht jedoch immer aus mehreren Schalen, von denen die den Zellraum zunächst begrenzende immer am quellungsfähigsten ist, während der mittlere Theil der Membran häufig leicht verholzt ist. Die Dicke der Zellmembran bedingt eine bedeutende Festigkeit des Endosperms. Da Zellwand und die einzelnen Theile des Zellinhalts beim hornigen Endosperm ziemlich dasselbe Lichtbrechungsvermögen haben, so ist dasselbe durchscheinend.

Das Endosperm von Phytelephas eburneum weicht durch noch grössere Dicke der Zellwand von dem typischen hornigen Endosperm ab. Der Inhalt, der an Masse gänzlich zurücktritt, füllt nur selten den ganzen Raum der Zelle aus. Dadurch wird aber das Licht in jeder einzelnen Zelle sehr ungleich gebrochen, wodurch das weissliche, undurchsichtige Aussehn des Endosperms bedingt wird.

Zwischen dem hornartigen und dem ölreichen Endosperm besteht keine scharfe Grenze, sondern ersteres geht einfach in letzteres dadurch über, dass die Zellwand weniger dick wird und der Reichthum an Oel zunimmt. Mit der Abnahme der Dicke der Zellwand geht übrigens die der Festigkeit des Endosperms Hand in Hand.

Obgleich das stärkereiche Endosperm im Allgemeinen sich schärfer abgrenzt, so kommen doch auch bei diesem mancherlei Uebergänge vor. Zwischenstufen zwischen dem stärkereichen und dem ölreichen Endosperm haben wir bei den Coniferen.

Bei Taxus baccata finden sich in den central gelegenen Zellen in einem fettreichen Protoplasma viele kleine Stärkekörner, während die peripherischen Zellen keine Stärkekörner enthalten. Auch das hornige Endosperm hat zuweilen einen geringen Stärkegehalt. Einzelne Stärkekörner finden sich bei Coffea arabica, mehr bei Leucojum aestivum. Zu den Uebergangsformen, welche dem stärkereichen Endosperm näher stehn, können wir das von Cistus vulgaris rechnen. Die Stärke tritt ihrer Masse nach zurück, das Protoplasma hat einen nicht unbedeutenden Fettgehalt, und schliesslich ist noch die Zellmembran bedeutend stärker, wie es beim stärkereichen Endosperm die Regel ist.

3. Abhängigkeit der Classification des Endosperms von der Verschiedenheit der innern Structur.

Es ist nun noch zu untersuchen, in welcher Beziehung die Classification des Endosperms zu den im innern Bau desselben gefundenen Unterschieden steht.

Das E. corneum ist nach Le Maoût und Decaisnes Definition ein Endosperm dessen Zellwände stark verdickt sind und das demgemäss eine grosse Härte erlangt. Wie wir aber oben gesehn, kann das Zellgewebe auch bei dünnen Zellwänden äusserst fest und widerstandsfähig werden.

Es liegt daher nahe, dass auch ein solches Endosperm, falls die Structur desselben nicht näher untersucht wird, als ein E. corneum bezeichnet wird. Einen solchen Fall haben wir beim Perisperm von Canna. Le Maoût und Decaisne führen dasselbe als ein E. corneum [1]) an, während Grisebach dasselbe nach seinem Zellinhalt ein Perispermum amylaceum nennt. Wir sehen also, dass als E. corneum zwei verschiedene Arten von Endosperm bezeichnet werden, einmal ein solches dessen Härte und Festigkeit auf der Dicke seiner Zellwände beruht und dessen Zellinhalt aus Eiweissstoffen und fettem Oel besteht, und zweitens ein anderes dessen Zellwände sehr zart sind und dessen Zellinhalt aus Stärkekörnern und sehr fettarmen Protoplasma besteht. Seine Festigkeit verdankt dasselbe dann dem Protoplasma. Ein solches Endosperm ist jedoch, da es nicht der Definition des E. corneum entspricht, zum E. amylaceum zu stellen, wie Grisebach das auch gethan hat. Ein typisches E. corneum haben wir im Endosperm der Palmen.

Das E. eburneum weicht dadurch vom E. corneum ab, dass es noch stärker verdickte Zellwände besitzt, denen gegenüber der Zellinhalt, der meistens nicht einmal den ganzen Zellraum anfüllt, ganz in den Hintergrund tritt. Dasselbe ist seiner äussern Erscheinung nach weisslich, undurchsichtig und sehr hart und spröde. Es findet sich nur bei Phytelephas.

Das E. carnosum ist nach Le Maoût und Decaisne Endosperm, dessen Zellgewebe ohne stärkereich zu sein, dicht und weich ist. Da bei dieser Definition der Härtegrad des Endosperms in Betracht kommt, bei dessen Bestimmung der Autor auf sein subjectives Gefühl angewie-

---

[1]) Le Maoût und Decaisne unterscheiden nicht zwischen Endosperm und Perisperm. Wo beide zusammen in demselben Samen vorkommen, sprechen sie von einem doppelten Endosperm.

sen ist, so kann es nicht auffallen, dass der Begriff des E. carnosum von den verschiedenen Autoren sehr verschieden weit gefasst wird. Im Allgemeinen ist dasselbe seiner innern Structur nach ein Endosperm, dessen Zellen einfache, nicht verdickte, aus Cellulose bestehende Wände und einen aus fettreichem Protoplasma und Proteinkörnern gebildeten Inhalt besitzen. Zuweilen wird jedoch auch ein stärkereiches Endosperm, welches ähnlich wie das Perisperm von Canna gebaut ist, dessen Protoplasma aber nicht so mächtig entwickelt ist, und daher dem Zellgewebe auch nicht die Festigkeit verleiht wie bei Canna, unter dem E. carnosum mit aufgeführt. So wird von Le Maoût und Decaisne das Endosperm der Commelineen und Juncaceen als ein E. carnosum bezeichnet, während Grisebach dasselbe, trotzdem es seiner Erscheinungsweise nach dem typischen E. carnosum nahekommt, nach seinem Zellinhalt richtig ein E. amylaceum nennt. Ein typisches E. carnosum ist das der Ilicineen, Solaneen, Oxalideen, Globulariaceen und anderer mehr.

Das E. cartilagineum steht seiner physikalischen Beschaffenheit sowie seiner innern Structur nach zwischen dem E. corneum und dem E. carnosum. Da es aber zwischen dem E. corneum und dem E. carnosum alle möglichen Uebergänge giebt, so ist es nicht möglich bestimmte Principien der Abgrenzung für dasselbe aufzustellen. Dies ist der Grund, dass es sich niemals als alleiniger Typus des Endosperms einer Pflanzenfamilie angeführt findet. Immer wird eine andere Art von Endosperm, der das E. cartilagineum in dem betreffenden Falle am nächsten steht, als gleichfalls bei derselben Familie vorkommend angegeben. Nur für die Umbelliferen findet sich bei Hooker und Bentham das E. cartilagineum als alleiniger Typus des Endosperms bezeichnet, während Le Maoût und Decaisne sowie Grisebach das Endosperm der

Umbelliferen zum E. corneum rechnen. Das E. oleosum unterscheidet sich dadurch vom E. carnosum, dass die Zellmembran sehr zart wird und der Fettgehalt des Protoplasmas zunimmt. Aeusserlich ist dasselbe an seiner plastischen Weiche sowie an dem Austreten von Oeltropfen bei Druck zu erkennen. Da dasselbe jedoch gegen ein sehr weiches E. carnosum nicht scharf abgegrenzt ist, so nennt häufig ein Autor ein Endosperm oleosum, dass ein anderer als carnosum bezeichnet. Ja es wird das Endosperm keiner einzigen Familie von allen Autoren übereinstimmend als E. oleosum angeführt.

Das E. farinosum oder amylaceum ist ein Endosperm, dessen Zellinhalt reich an Stärke ist. Das Protoplasma ist dabei sehr arm an Fett und daher fest und zähe. Gewöhnlich ist dasselbe seiner äussern Beschaffenheit nach locker und mehlig. Wir haben jedoch schon gesehn, dass dasselbe sehr fest wie bei Canna, oder doch dicht wie bei Commelina sein kann. Ein solches stärkereiches Endosperm, wird dann häufig nicht mehr zum E. amylaceum gerechnet, sondern zu der Endospermart, der es seiner äussern Beschaffenheit nach ähnlich ist. Nur Grisebach bezeichnet richtig jedes Endosperm mit stärkereichem Inhalt als E. amylaceum.

Dass wir so viele Uebergangsformen zwischen den einzelnen Endospermarten in den systematischen Handbüchern angeführt finden, hat darin seinen Grund, dass diese Arten nicht scharf gegen einander abgegrenzt sind, sondern allmählich in einander übergehn. So haben wir vom E. oleosum durch das carnosum und das E. cartilagineum hindurch eine continuirliche Reihe bis zum E. corneum. Da das Eintheilungsprincip dabei die Festigkeit des Endosperms ist und diese alle Grade durchläuft, so wird man um die verschiedenen Abstufungen desselben bezeichnen zu können, eine Reihe von Zwischenformen aufstellen müssen.

Dabei wird der Begriff des E. carnosum am weitesten ausgedehnt. Das als carnosum bezeichnete Endosperm kann beträchtliche Differenzen in der Festigkeit und in der Dicke der Zellmembran zeigen. So wird z. B. das sehr weiche mit dünnen Zellwänden versehene Endosperm der Solaneen und das feste der Primulaceen, welches dicke, in mehrere Schalen zerfallende Zellwände besitzt, beides von Le Maoût und Decaisne zum E. carnosum gerechnet. Ja letztere Autoren stellen sogar das Endosperm der Asparageen, das vollkommen der Definition entspricht, welche dieselben von E. corneum geben, zum E. carnosum.

In sich abgeschlossener ist das E. farinosum. Uebergänge in der innern Structur zu der anderer Arten von Endosperm zeigt es selten. Eine wirkliche Zwischenform, auch der innern Structur nach, zwischen dem E. corneum oder subcorneum und dem E. farinosum, wird durch das Endosperm von Cistis vulgaris gebildet. Häufig nähert sich jedoch das E. facinosum seiner äusseren Erscheinungsweise nach anderen Endospermarten. Ein sogestaltetes stärkereiches Endosperm wird auch von manchen Autoren nicht mehr als typisches E. farinosum angesehn, sondern als Zwischenform bezeichnet. Als Beispiel eines solchen Endosperms haben wir das der Typhaeaceen und der Aroideen. Le Maoût und Decaisne nennen dasselbe ein E. carnosum-farinosum. Als solches führen dieselben auch das Endosperm der Cyperaceen und das Perisperm der Musaceen an, trotz des mehligen Aussehns beider.

Schluss.

Wie oben gezeigt, können wir nach den grossen Unterschieden, welche sich im Bau des Endosperms geltend machen, dasselbe in horniges, stäkereiches und fettreiches eintheilen. Die in den systematischen Handbüchern übliche Classifizirung des Endosperms schliesst sich im Allgemeinen dieser Eintheilung an. Das E. corneum entspricht dem hornigen, das E. carnosum und oleosum dem fettreichen und das E. farinosum oder amylaceum dem stärkereichen Endosperm. Dabei ist zu bemerken, dass häufig ein stärkereiches Endosperm, wenn es seiner äussern Beschaffenheit nach dem E. corneum oder carnosum ähnlich ist, auch zu diesen Arten des Endosperms gestellt wird. Lassen wir dies ausser Acht, so können wir für das von uns unterschiedene hornartige, stärkereiche und fettreiche Endosperm ganz wohl die alten Namen E. corneum, E. facinosum und E. carnosum beibehalten. Als E. corneum bezeichnen wir also dann ein Endosperm mit verdickten, aus mehreren Schalen bestehenden, meist theilweise verholzten Zellwänden, und einem aus fettem Oel und Eiweissstoffen gebildeten Inhalt, als E. carnosum ein solches mit demselben Inhalt, wie ihn das E. corneum besitzt, in dem aber das Fett mehr vorwiegt, und mit dünnen, einfachen, aus Cellulose gebildeten Zellwänden; E. farinosum endlich nennen wir ein solches Endosperm, dessen Inhalt aus Stärkekörnern und fettarmem Protoplasma zusammengesetzt ist, und das gleichfalls wie das E. carnosum dünne Zellwände besitzt. Das E. eburneum ist einfach ein etwas abweichendes E. corneum und als besondere Art aufzugeben, ebenso das E. oleosum, das nur ein sehr weiches, fettreiches E. carnosum ist. Die vielen Zwischenformen zwischen dem E. corneum und dem E. carnosum haben wir gleichfalls fallen zu lassen, da es doch nicht gelingt, dadurch das Endosperm in jedem einzelnen Falle genau zu characterisiren, dass man möglichst viele Arten von Endosperm aufstellt.

Dies wird nur dadurch ermöglicht, dass man statt anzugeben, zu welcher Art das Endosperm einer Familie gehört, eine kurze Beschreibung desselben liefert, welches

Verfahren noch den zweiten grossen Vortheil hat, dass man sowohl die innere Structur als auch die äussere Beschaffenheit dabei berücksichtigen kann. Es dürfte daher das Empfehlenswertheste sein, die ganze bisher übliche Nomenclatur des Endosperms aufzugeben und statt dessen bei jeder Familie eine kurze Beschreibung der innern Structur sowohl als auch der äussern Beschaffenheit des Endosperms derselben zu geben.

Uebersicht über die Bezeichnungen des Endosperms bei den verschiedenen Autoren.

Name der Familie	Bezeichnung des Endosperms		
	bei Le Maout und Decaisne	bei Hooker und Bentham	bei Grisebach
Cycadeae	carnosum	—	—
Taxineae	carnosum	Coni- carnosum	—
Cupressineae	carnosum	ferae zuweilen subfari-	—
Abietineae	carnosum-oleosum	nosum	—
Palmae	carnosum oder cartilagineum	—	corneum
Phytelephasieae	eburneum	—	—
Liliaceae	carnosum	—	carnosum
Amaryllideae	carnosum	—	carnosum
Asparageae	carnosum	—	corneum
Irideae	cartilagineum subcorneum oder carnosum	—	—
Cannaceae	corneum	—	amylaceum
Musaceae	carnosum-farinosum	—	amylaceum
Aroideae	carnosum-farinosum	—	amylaceum
Typhaeaceae	carnosum-farinosum	—	amylaceum
Juncaceae	carnosum	—	amylaceum
Cammeliaceae	carnosum	—	amylaceum
Cyperaceae	carnosum-farinosum	—	amylaceum
Gramineae	farinosum	—	amylaceum
Nymphaeaceae	farinosum	amylaceum	—
Cistaceae	farinosum oder subcorneum	amylaceum oder subcartilagineum	—

Name der Familie	Bezeichnung des Endosperms		
	bei Le Maoût und Decaisne	bei Hooker und Bentham	bei Grisebach
Polygonaceae	farinosum	amylaceum	—
Papaveraceae	oleosum	carnosum	carnosum
Solaneae	carnosum	—	—
Goodeniaceae	carnosum	—	—
Lobeliaceae	carnosum	—	—
Dipsaceae	carnosum	—	—
Globulariaceae	carnosum	carnosum	—
Plantagineae	carnosum	carnosum	—
Primulaceae	carnosum	corneum oder carnosum	—
Ilicineae	carnosum	carnosum	—
Caprifoliaceae	carnosum	cartilagineum	carnosum
Araliaceae	carnosum	cartilagineum oder carnosum	—
Saxifrageae	carnosum	carnosum	—
Halorageae	carnosum	—	—
Dilleniaceae	carnosum	carnosum	—
Oxalideae	carnosum	—	—
Berberideae	subcorneum oder carnosum	corneum oder carnosum	corneum
Polemoniaceae	carnosum	cartilagineum oder carnosum	—
Ranunculaceae	corneum oder carnosum	corneum rarius carnosum	corneum
Rubiaceae	carnosum oder cartilagineum	corneum oder carnosum	corneum
Umbelliferae	corneum	cartilagineum	—
Francoaceae	carnosum	—	—

Lebenslauf.

Ich, Otto Paul, Sohn des Kreissecretairs Paul zu Fallingbostel, wurde geboren am 24. December 1857 zu Hannover. An Schulen besuchte ich von Ostern 1868 bis Ostern 1871 das Lyceum I. zu Hannover und von da ab bis Ostern 1876 das dortige Realgymnasium. Nach bestandener Maturitätsprüfung bezog ich die Universität zu Göttingen um mich dem Studium der Naturwissenschaften zu widmen. Vom 1. October 1876 bis 1 October 1877 genügte ich meiner Militärpflicht, um sodann meine Studien wieder aufzunehmen. Collegien habe ich gehört bei den Herren Professoren Baumann, Ehlers, Hübner, Klein, v. Koenen, Lotze, Reinke, Riecke, Schwarz, v. Seebach, Graf zu Solms-Laubach, Stern. Es gereicht mir zur grössten Genugthuung diesen meinen Lehrern hier meinen herzlichsten Dank aussprechen zu können.